Radka Gačevičová

Forças motrizes da política pró-europeia da Sérvia

Radka Gačevičová

Forças motrizes da política pró-europeia da Sérvia

A mudança política de Tomislav Nikolić e Aleksandar Vučić e a lógica da ação

ScienciaScripts

Imprint
Any brand names and product names mentioned in this book are subject to trademark, brand or patent protection and are trademarks or registered trademarks of their respective holders. The use of brand names, product names, common names, trade names, product descriptions etc. even without a particular marking in this work is in no way to be construed to mean that such names may be regarded as unrestricted in respect of trademark and brand protection legislation and could thus be used by anyone.

Cover image: www.ingimage.com

This book is a translation from the original published under ISBN 978-3-330-33197-6.

Publisher:
Sciencia Scripts
is a trademark of
Dodo Books Indian Ocean Ltd. and OmniScriptum S.R.L publishing group

120 High Road, East Finchley, London, N2 9ED, United Kingdom
Str. Armeneasca 28/1, office 1, Chisinau MD-2012, Republic of Moldova, Europe
Printed at: see last page
ISBN: 978-620-8-26474-1

Índice

Lista de abreviaturas

DSS	Democratic Party of Serbia (Demokratska Stranka Srbije)
DS	Democratic Party (Demokratska Stranka)
EEAS	European External Action Service
EU	European Union
ICTY	International Criminal Tribunal for former Yugoslavia
NATO	North Atlantic Treaty Organization
SAA	Stabilisation and Association Agreement
SNS	Serbian Progressive Party (Srpska Napredna Stranka)
SPS	Serbian Socialist Party (Socialistička Partija Srbije)
SRS	Serbian Radical Party (Srpska Radikalna Stranka)

Introdução

[th]"O discurso político contemporâneo na Sérvia assemelha-se por vezes a um manual de história sérvia do século XX." (Stojarova e Emerson, 2010, p.99)

Há apenas catorze anos, ocorreu uma importante mudança política na República da Sérvia. As primeiras eleições democráticas, em 2000, definiram o "rumo ocidental" da política externa sérvia, que está agora a avançar para a adesão à União Europeia. No entanto, o ritmo das negociações com a UE depende em grande medida das prioridades da política externa da elite no poder, que mudam frequentemente.[1]

O Partido Progressista Sérvio (SNS) foi bem sucedido nas eleições de maio de 2012; o seu então líder Tomislav Nikolic tornou-se o novo presidente e o seu partido ganhou as eleições parlamentares. Nikolic entregou a liderança do SNS a Aleksandar Vučić, que se tornou primeiro-ministro da Sérvia nas eleições legislativas antecipadas de 2014, depois de o Partido Progressista ter obtido a maioria absoluta na Assembleia Nacional.

Nikolic e Vučić, atualmente os dois políticos mais poderosos da República da Sérvia, são antigos membros do Partido Radical Sérvio (SRS). [2]Enquanto membros do SRS, Nikolic e Vučić defendiam uma política externa anti-ocidental, uma ideologia anti-globalização e a ideia de criar uma "Grande Sérvia". Um ponto de viragem na política de Nikolić e Vučić ocorreu em 2008, quando se separaram dos Radicais, alegadamente por divergências de opinião sobre a adesão à UE. Fundaram então um novo partido político, o Partido Progressista Sérvio, do movimento de centro-direita. Os Progressistas distanciam-se das políticas isolacionistas dos

---

[1] Desde 2000, realizaram-se seis eleições legislativas na Sérvia (2003, 2007, 2008, 2012, 2014).
[2] A criação de um único Estado balcânico que una todos os sérvios, o que significa "a anexação da Republika Srpska e da Republika Srpska Krajina" (Stojarova, 2010, p.47).

Radicais e estão empenhados numa política externa fortemente pró-europeia.

A natureza fundamental desta mudança de política entre dois dos políticos mais influentes da Sérvia e a sua curta duração levantam questões críticas sobre a sua motivação e autenticidade. Pode presumir-se que os decisores foram guiados por interesses próprios, uma vez que se aperceberam de que um partido político pró-europeu poderia ser mais atrativo para os eleitores. O objetivo deste artigo é analisar as circunstâncias e os motivos subjacentes a esta mudança nas políticas do Presidente sérvio Tomislav Nikolic e do Primeiro-Ministro Aleksandar Vučić. A decisão de analisar a tomada de decisão destes indivíduos e não a do partido como um todo deve-se ao facto de a presidência na política partidária sérvia controlar em grande medida a direção do partido e, por conseguinte, as decisões destes actores-chave influenciarem o curso político do partido. Para avaliar os motivos da mudança de política dos dois decisores, esta tese utiliza o quadro teórico do construtivismo social, em particular o conceito de lógica do comportamento esperado formulado pelos cientistas políticos James G. March e John P. Olsen.

A dissertação dedica-se a responder à seguinte questão de investigação: *A mudança política nas preferências de política externa de Tomislav Nikolic e Aleksandar Vučić foi impulsionada pela lógica da conveniência ou pela lógica das consequências?*

O trabalho tem três objectivos. Em primeiro lugar, fornece uma visão sobre as circunstâncias da mudança política de Nikolić e Vučić. Em segundo lugar, analisa os motivos desta mudança na política externa. Finalmente, a tese demonstra os pontos fortes e fracos do esquema teórico de March e Olsen, avaliando o seu poder explicativo com base neste estudo de caso. A parte empírica da tese utiliza métodos de investigação qualitativos. É utilizado um estudo de caso para mostrar os motivos da alteração das prioridades da política externa dos decisores. Além disso, as fontes primárias, incluindo os programas dos partidos, são avaliadas através da análise do discurso. Dada a falta de literatura académica sobre a orientação da política externa de Nikolić e Vučić, a avaliação crítica centra-se principalmente nas fontes dos meios de comunicação social.

O primeiro capítulo da tese apresenta a discussão científica sobre o tema, seguido do enquadramento teórico, que se baseia nos conceitos de "lógica da oportunidade" e de "lógica das consequências", e da hipótese do estudo. Este capítulo apresenta também uma visão geral da metodologia. O segundo capítulo contém um estudo empírico da informação de base, dos programas dos partidos e uma comparação entre o Partido Radical Sérvio e o Partido Progressista Sérvio, bem como a opinião dos meios de comunicação social locais sobre os motivos dos decisores. Isto constitui a base para o terceiro capítulo da tese, no qual se analisam os motivos da mudança de rumo da política externa dos dois estadistas e se demonstram os limites do quadro teórico. Após uma síntese dos resultados, a tese termina com uma conclusão.

1. CAPÍTULO

1.1 Revisão da literatura

Sendo o maior país dos Balcãs Ocidentais, a República da Sérvia desempenha um papel importante na estabilidade, no desenvolvimento económico e na prosperidade da região. Como argumenta Tim Judah, a orientação da política externa da Sérvia e as prioridades da sua elite dirigente são importantes "porque o que fizer agora e nos próximos anos será crucial para todos na região" (Petritsch, Svilanovic, Soliz, eds., 2009, p.: 13).

Tal como referido na introdução, o rumo da política externa do país depende das elites no poder, pelo que a análise dos motivos subjacentes às suas decisões políticas é crucial para compreender a atual situação política na Sérvia. Só compreendendo os motivos subjacentes ao estabelecimento súbito de uma orientação pró-europeia é possível prever a permanência desta decisão e, consequentemente, o rumo futuro do país. As preferências de política externa do Partido Progressista Sérvio (SNP) são de importância crucial neste contexto, uma vez que o Presidente Nikolic e o Primeiro-Ministro Vučić são o antigo e o atual líderes do SNP, respetivamente. No entanto, a grande maioria da literatura académica sobre a política partidária e a política externa sérvia (Knezevic (ed.), 2008; McConell, 2009; Gross, 2012; Stojarova e Emerson (eds.), 2010) é de âmbito muito vasto e, por isso, não responde a questões específicas sobre as motivações para a mudança de orientação da política externa de Nikolic e Vučić.

Nikola Petrovic e Igor Novakovic (2013) debruçaram-se sobre o tema da orientação estratégica da política externa sérvia em geral. De acordo com estes autores, a Sérvia "carece de uma estratégia de política externa coerente e equilibrada que se baseie num consenso social comum predeterminado" (ibid., p. 5). Além disso, "o processo de tomada de decisões em matéria de política externa é um dos processos menos transparentes de implementação de políticas na República da Sérvia"; é sobretudo um assunto das elites políticas e, por conseguinte, leva à exclusão da sociedade da direção do país (ibid.). No entanto, este pressuposto dos autores ignora a possibilidade de as prioridades de política externa das elites governantes reflectirem, de facto, a perceção da União Europeia na Sérvia.[3] Como salientam Petrić, Svilanović e Sliz (eds.) (2009), e como se pode ver no Anexo 1, a opinião pública sérvia é favorável à adesão do país à União Europeia.

Por outro lado, McConnell (2009) e Knežević (ed.) (2008) argumentam que a sociedade sérvia está dividida na questão da política externa, o que demonstra a sua ligação a este tema. [4]Esta tese baseia-se no pressuposto de que as tentativas da elite governante da Sérvia de se equilibrar entre dois objectivos concorrentes - manter a soberania sobre o Kosovo e uma maior integração nas instituições europeias - reflectem uma divisão na sociedade sérvia e demonstram a influência e a ligação direta entre a política externa e os cidadãos. Esta influência pode ser vista como uma das motivações para as elites políticas introduzirem uma orientação pró-europeia como uma das suas prioridades para ganhar o apoio da população.

Stojarova e Emerson (Stojarova e Emerson, eds., 2010) apresentam uma descrição convincente da política partidária nos Balcãs Ocidentais. No capítulo sobre a Sérvia, os autores argumentam que os partidos políticos sérvios são normalmente classificados em dois grupos: nacionalistas e modernistas. No entanto, o Partido Progressista Sérvio representa uma política nacionalista de centro-direita combinada com ambições modernistas, pelo que não pode ser classificado com base nessa divisão. Embora argumentem que o líder do partido ocupa a posição mais

---

[3] Sobre a perceção da UE na Sérvia, ver Anexo 1.
[4] As relações entre a Sérvia e o Kosovo são problemáticas devido a tensões étnicas de longa data que conduziram à Guerra do Kosovo em 1999. O Kosovo declarou unilateralmente a sua independência em fevereiro de 2008. A normalização das relações entre Belgrado e Pristina é uma condição prévia para a integração na UE.

importante no partido, uma vez que tem uma grande influência na direção política do partido e nos outros membros, ao longo do volume o partido como um todo, e não o seu líder, é visto como o ator. No entanto, o próprio líder é um ator que influencia o partido de tal forma que uma mudança nas suas preferências políticas afecta as preferências do partido como um todo. Os autores negligenciam o "poder" deste ator individual e, por conseguinte, não analisam uma mudança de política como resultado da decisão pessoal do líder do partido. No entanto, este documento tem em conta as acções do líder do partido e assume que as preferências do partido reflectem efetivamente as preferências do seu líder.

Além disso, muitos autores deturpam as circunstâncias que levaram à cisão do Partido Radical Sérvio. Os académicos defendem que a controvérsia em torno da assinatura do Acordo de Estabilização e Associação (AEA) com a UE foi a principal razão para a saída de Nikolic do SRS (Radovic, 2008a; Stojarova e Emerson (eds.), 2010). Esta versão sugere que a UE desempenhou um papel decisivo na decisão de Nikolic de abandonar o partido e que este estava fortemente inclinado para a UE mesmo antes da fundação do Partido Progressista Sérvio. No entanto, a análise da cisão proposta na parte empírica deste artigo mostrará que esta versão está incompleta e que a cisão dos Radicais foi, de facto, o resultado de disputas mais longas no seio da liderança do partido.

Em resumo, a principal lacuna da literatura é a sua cobertura bastante geral. Além disso, a literatura académica centra-se na política partidária e não nos decisores individuais que desempenham efetivamente um papel decisivo na política sérvia. Por último, a literatura não tem em conta o facto de a execução da política externa estar estreitamente ligada à perceção que o público tem da UE na Sérvia. Este tema dinâmico está em constante evolução e exige uma abordagem analítica específica que tenha em conta os acontecimentos actuais e se baseie nas informações mais actualizadas.

Uma análise da literatura disponível sobre este tema levou o autor a concluir que existe uma lacuna neste domínio. A República da Sérvia, um ator político importante nos Balcãs, está a passar por uma mudança dinâmica cuja evolução é difícil de prever. Por conseguinte, será útil para a comunidade académica uma investigação mais aprofundada e um artigo académico recente que forneça uma imagem completa dos motivos para a alteração das prioridades da política externa da atual elite política.

1.2 Base teórica

A análise dos motivos para a mudança de política externa por Nikolić e Vučić baseia-se no quadro teórico do construtivismo social; em particular, a tese utiliza os conceitos da lógica da adequação e da lógica das consequências. Estas duas lógicas baseiam-se em posições teóricas diferentes em relação à interpretação do comportamento humano.

De acordo com Adler (2002), o construtivismo não é apenas mais um "ismo". Ele argumenta que o construtivismo representa uma "compreensão em três camadas" (ibid. p.96). Este entendimento multifacetado do construtivismo social suscitou um debate académico e permitiu a existência de várias escolas construtivistas.[5] Uma análise pormenorizada do desenvolvimento do construtivismo e dos pontos fortes e fracos das várias abordagens dentro desta escola de pensamento está para além do âmbito desta tese. Nesta tese, o construtivismo é considerado como uma abordagem analítica, e o seu conceito de lógica da conveniência e das consequências serve como ferramenta de investigação empírica para revelar os motivos subjacentes à

---

[5] Para uma categorização das escolas construtivistas, ver, por exemplo Checkel (2006), Reus-Smith (2001) ou Adler (2002).

mudança de prioridades de política externa de certos decisores.

"O construtivismo examina a consciência humana e o seu papel na vida internacional" (Bartnett, 2011, p.155). Baseia-se numa ontologia social que enfatiza a importância das estruturas normativas que moldam as identidades e os interesses dos actores e, consequentemente, as suas acções políticas. Além disso, o construtivismo assume que a relação entre os actores (pessoas) e as estruturas (ambiente social) são mutuamente constitutivas (Adler, 2002; Risse, 2004; Reus-Smit, 2005). O quadro teórico subjacente ao estudo empírico desta tese distingue duas lógicas de ação que determinam o comportamento humano em ambientes institucionais, tal como apresentadas pelos cientistas políticos James G. March e Johan P. Olsen.

A lógica das consequências entende a ação humana como condicionada pelo desejo do ator de realizar os seus objectivos subjectivos ou colectivos, que resultam dos seus interesses e preferências. O comportamento de um ator é influenciado pela expetativa das consequências, ou seja, por uma decisão consciente e um cálculo racional dos benefícios e das perdas numa determinada situação (March e Olsen 1989,   1998). Na interpretação da vida política internacional, o ator é
A opinião dominante é que o comportamento humano é determinado por esta lógica de ação (ibid.),

1998). No entanto, a lógica das consequências não pode explicar adequadamente o comportamento humano em todas as situações; não tem em conta o significado e a influência das normas, regras e identidades dos actores (ibid.). [6]

---

[6] Neste estudo, as normas são entendidas como "expectativas colectivas sobre o comportamento correto dos actores com uma determinada identidade [...] As normas definem a identidade, prescrevem o comportamento ou fazem ambas as coisas". (Katzenstein 1996, p.5)

A lógica da adequação, por outro lado, parte do princípio de que o comportamento humano depende e é determinado pela identidade, normas, valores e regras. Se um ator segue regras e o seu comportamento é determinado pela lógica da adequação, é mais estável e mais fácil de prever. As acções dos actores são determinadas por uma procura baseada em regras de um comportamento legítimo ou adequado à situação e ao papel específicos que o ator desempenha (ibid., 1989; 1989). O conceito de lógica da adequação oferece uma alternativa ao comportamento racional e fornece uma explicação para situações em que os actores não agem de acordo com a lógica das consequências, mas são influenciados pelas regras e normas da sociedade em que vivem. A tomada de decisão baseada na lógica da adequação pode também ser caracterizada como uma decisão de agir de acordo com o entendimento do ator do que é uma ação "verdadeira, razoável, natural, correta e boa" (ibid., 2006, p.690).

A caraterização das duas lógicas de ação baseia-se no pressuposto de que os valores e as identidades das pessoas (actores políticos) tendem a ser estáveis e que é preciso mais tempo para os mudar (Worcester, 2013). Nikolic e Vučić mudaram drasticamente a orientação da sua política externa num período de tempo relativamente curto, o que sugere que o cálculo estratégico, mais do que uma motivação orientada por normas para uma política pró-europeia, desempenhou um papel na sua decisão. Posteriormente, o autor formulou a seguinte hipótese: a *mudança política de preferências anti-ocidentais para pró-europeias na política externa de Tomislav Nikolic e Aleksandar Vučić deveu-se principalmente à lógica das consequências.*

No entanto, é importante recordar que estas duas lógicas de ação não se excluem mutuamente; a ação política é muitas vezes motivada por ambas. Os actores políticos são frequentemente guiados tanto pelos seus interesses como pelas regras enraizadas na sua identidade. [7]A relação entre as duas lógicas é "frequentemente subtil" (March e Olsen, 1998, pp.952-3).

No entanto, no presente documento, estas duas lógicas são utilizadas como instrumentos de investigação empírica, pelo que são tratadas como duas categorias iguais e separadas. Goldmann (2005) defende que as lógicas devem ser separadas para "avaliar a contribuição separada de cada fator para a explicação das acções. Os tipos ideais devem ser mutuamente exclusivos" (ibid., p.39). Este método parece permitir ao autor avaliar a sua influência individual num estudo de caso que examina a motivação para a mudança política na política externa dos estadistas sérvios. No entanto, esta abordagem não exclui a possibilidade de lógicas sobrepostas e que a categorização dos motivos que determinam o comportamento dos decisores pode ser difícil, pelo que são possíveis limitações dos conceitos.[8]

1.3 Metodologia

A análise empírica desta tese baseia-se numa avaliação crítica da literatura existente sobre a teoria construtivista social, bem como da literatura sobre a política sérvia. Nesta tese, são utilizados os seguintes métodos de investigação qualitativa:

A. Um estudo de empresa.

De forma a testar a hipótese apresentada no capítulo anterior, o autor realiza um estudo de caso de dois decisores da política sérvia, analisando os motivos da recente mudança política de Nikolic e Vučić. O autor do artigo considerou a escolha do estudo de caso apropriada, uma vez que ambos os políticos são atualmente Presidente e Primeiro-Ministro da República da Sérvia, o que significa que as suas

---

[7] March e Olsen resumem quatro interpretações principais da relação entre os lógicos; para mais pormenores, ver March e Olsen (1998).

[8] Este esquema teórico tem sido fortemente criticado por vários aspectos relacionados com os conceitos das duas lógicas; para mais pormenores, ver Goldmann (2005), Sending (2002) ou Sjoblom (1993).

decisões políticas têm um impacto na situação do país. A decisão de se centrar nos antigos e actuais líderes do SNS como indivíduos e não no partido político como unidade de análise deve-se também ao facto de a liderança do partido deter uma posição muito forte na política partidária sérvia e influenciar a direção política do partido. No presente documento, as preferências do partido e do seu líder são utilizadas como sinónimos.[9]

B. *Análise do discurso*

Nesta tese, é utilizada uma análise do discurso para explicar as mudanças nas preferências em matéria de política externa de certos decisores políticos sérvios. Esta abordagem foi escolhida para compreender o estado atual da política externa na Sérvia e os motivos dos decisores a favor de uma política externa pró-europeia. Os vários elementos que influenciam estes motivos são analisados com base em fontes primárias e secundárias.

As fontes primárias, tais como transcrições de discursos e entrevistas de Nikolić e Vučić entre 2008 e 2014, bem como os programas partidários do Partido Radical Sérvio e do Partido Progressista Sérvio, são analisadas e comparadas a fim de identificar mudanças e, assim, criar uma base para a análise dos motivos. [10] Devido à quantidade limitada de literatura académica disponível, o autor foi forçado a utilizar revistas e jornais políticos como fontes secundárias. Em particular, foram utilizados para o estudo artigos da revista política Helsinska Povelja e dos jornais diários mais lidos na Sérvia: principalmente Blic, Politika e Vecerne Novosti. Ao analisar o discurso dos meios de comunicação social sobre este tema, foi tida em

---

[9] Esta premissa baseia-se nas afirmações de Bochsler (2010), que argumenta que "os partidos políticos na Sérvia são dotados de amplos poderes da presidência do partido [...] No caso do SRS e do SNS, os órgãos do partido parecem bastante insignificantes em comparação com os amplos poderes do presidente, que incluem a interpretação do programa do partido e as decisões políticas, bem como a nomeação e demissão do secretário-geral e dos quatro vice-presidentes" (ibid., pp. 104-105).

[10] Os programas dos partidos e a maior parte das fontes mediáticas utilizadas neste trabalho foram originalmente escritos em sérvio e traduzidos para inglês pelo autor.

conta a orientação ocidental da Helsinska Povelja, bem como a orientação dos jornais nacionais para o Partido Democrático (DS). [11]

Utilizando informações de fontes primárias e secundárias, são avaliadas várias situações e políticas específicas de Nikolić e Vučić, revelando tanto factores ideológicos como interesses pessoais que podem ter desempenhado um papel na sua motivação para uma política externa pró-europeia. Esta análise permite ao autor avaliar se estas motivações foram impulsionadas pela lógica da conveniência ou pela lógica das consequências e tirar conclusões sobre as implicações dos resultados.

[11] "Segundo o Conselho Anti-Corrupção da Sérvia, o Partido Democrático controlava a maior parte do sector dos meios de comunicação social na Sérvia através do seu patrocínio publicitário" (BanlkanInsight. 2012). O DS era o principal rival dos Radicais e dos Progressistas.

II. CAPÍTULO

2.1 Informações gerais

O atual Presidente da Sérvia, Tomislav Nikolic, e o Primeiro-Ministro, Aleksandar Vucic, são antigos aliados do extremista de direita Slobodan Milosevic. Tanto Nikolic como Vucic passaram grande parte das suas carreiras políticas como membros do ultranacionalista Partido Radical Sérvio (SRS). Nikolic tornou-se vice-líder do SRS em 2003, quando o seu líder Vojislav Sesel se entregou voluntariamente ao Tribunal Penal Internacional para a ex-Jugoslávia (ICTY), onde é acusado de crimes de guerra. Vucic foi Secretário-Geral do SRS. Estas duas figuras proeminentes do SRC representaram uma política fortemente anti-ocidental e mostraram uma relação estreita com a Federação Russa. Em 2007, Nikolic declarou: "Juntamente com a Rússia, temos de nos opor à hegemonia da América e da União Europeia" (Radio Free Europe, 2007).

Em 2008, porém, registou-se uma mudança importante na orientação política de Nikolic e Vucic. Em outubro de 2008, Nikolic deixou os Radicais e fundou um novo partido político, o Partido Progressista Sérvio (SNS), que proclamava uma orientação "pró-europeia". Após alguns dias de hesitação, o Secretário-Geral Vucic seguiu-o e tornou-se vice-presidente do recém-fundado SNS.

Após três tentativas infrutíferas de se candidatar à presidência desde 2000, Nikolic ganhou finalmente as eleições presidenciais em maio de 2012 e demitiu-se do cargo de líder do SNS. Nas eleições parlamentares do mesmo ano, o SNC emergiu como o partido mais forte na assembleia e formou uma coligação com o Partido Socialista da Sérvia (SPP). Como novo líder do SNS e primeiro vice-primeiro-ministro, Vučić foi considerado o político mais influente do governo (De Launey, 2014). A sua popularidade aumentou consideravelmente e tornou-se primeiro-ministro depois de o seu partido ter obtido uma maioria absoluta na assembleia nas eleições antecipadas de março de 2014.

Pouco depois de Nikolic e Vucic terem mudado de uma política anti-ocidental para uma política pró-europeia, estes dois políticos tornaram-se os estadistas mais influentes da Sérvia. Este facto, bem como uma série de factores, incluindo os seus laços pessoais e políticos e a sua longa filiação no SRS, sugerem que a mudança de rumo político foi impulsionada por interesses instalados. Por outro lado, o "Primeiro Acordo sobre os Princípios de Normalização das Relações" com o Kosovo, iniciado em abril de 2013, bem como outras decisões políticas dos membros do SNC, mostram que o governo formado após as eleições de 2012 continua a trabalhar com a UE para acelerar o processo de integração. Esta continuidade nas suas políticas pró-europeias, mesmo depois de já terem ocupado os mais altos cargos políticos, pode sugerir que a motivação de Nikolić e Vučić para adoptarem políticas pró-europeias em 2008 foi impulsionada pela lógica da conveniência. Os capítulos seguintes irão lançar luz sobre esta questão. Para o efeito, o autor debruçar-se-á, em primeiro lugar, sobre as mudanças nas políticas de Nikolić e Vučić, cuja compreensão é crucial para aprofundar o entendimento das motivações que são objeto do terceiro capítulo desta tese.

2.2 Mudança política por Tomslav Nikolic e Aleksandar Vučić

Esta secção analisa a sucessão política dos dois políticos mais influentes da Sérvia. Inclui uma descrição e caraterização geral dos dois partidos políticos em que Nikolić e Vučić ocuparam e ainda ocupam posições de liderança: o Partido Radical Sérvio e o Partido Progressista Sérvio. Além disso, os programas partidários dos dois partidos são analisados para fornecer uma visão dos seus objectivos de política externa declarados publicamente. Além disso, esta secção contém uma série de declarações de Nikolic e Vučić enquanto representantes destes partidos, que fornecem mais provas da mudança do seu rumo político. Além disso, é feita uma comparação entre os dois partidos para provar que a mudança ocorreu. Esta comparação é crucial, uma vez que constitui a base para análises posteriores. Por último, este capítulo analisa o discurso mediático sobre a mudança de política dos dois decisores.

2.2.1 *Partido Radical Sérvio (SRS)*

Nikolic: "A Sérvia vai prosperar mais como uma província russa do que como um membro da UE" (AFP, 2012).

Nikolic: "Sou eurocético desde o primeiro dia". (Petrovic, 2008)

Vucic: "Ratko Mladic é um herói nacional" (Novakovic, 2014))

Vucic: "O conceito de uma Grande Sérvia é um objetivo histórico que podemos alcançar dentro de

cinquenta a cem anos

."

(Cavoski, 204)

Estas declarações ilustram a orientação política de Tomislav Nikolic e Aleksandar Vucic quando eram vice-presidente e secretário-geral do Partido Radical Sérvio. O SRS é conhecido como "o partido mais nacionalista e populista" da política sérvia (Stojarova, 2010, p.47). O programa oficial do SRS é composto por cinco partes. Começa com um programa nacionalista, seguido de programas políticos, económicos, sociais e culturais.

A primeira parte do programa mostra que uma das principais prioridades do SRS é a promoção do conceito de "Grande Sérvia" e a importância da unificação dos territórios sérvios, a unidade dos sérvios, o desenvolvimento da consciência nacional, o patriotismo e a preservação das tradições nacionais. (Srpska Radikalna Stranka, 2009, p. 2-4)

A segunda parte do programa é dedicada a questões políticas, incluindo as prioridades da política externa do PSA. Os radicais falam de uma política fortemente anti-ocidental; é proclamada uma ligação clara com a Federação Russa: "Desenvolveremos relações tradicionais de amizade com povos e países que nos ajudaram nos momentos históricos mais difíceis" (ibid., p.28). O SRS rejeita a adesão à NATO e condena também a cooperação com o TPIJ. O programa oficial do partido do SRS não comenta explicitamente a adesão à UE, mas declara que não está interessado em fazer parte desta organização internacional: "Não faz sentido para o nosso país aderir a algumas organizações internacionais cujo objetivo é impor a vontade política de um país ou grupo de países a outros membros". Como melhor exemplo dessas organizações, o Representante Especial do Secretário-Geral da ONU refere-se a "muitas organizações que centram quase todas as suas actividades na humilhação do povo sérvio e do Estado sérvio" (ibid., p.29). Embora o programa não mencione as organizações pelo nome, pode presumir-se que o programa do partido se refere à NATO e, mais tarde, aos Estados membros da UE. Além disso, o testamento político do líder oficial do partido, Vojislav Seselj, publicado em dezembro de 2006 a partir da prisão em Haia, afirma que "a Sérvia nunca poderá aderir à UE e à NATO, porque é aí que estão os maiores inimigos da Sérvia" (Albunovic, Petrovic, 2008). Este documento deveria ser o "projeto" da política do SRS.

No que diz respeito à liderança do partido, o presidente oficial Sesel entregou-se ao Tribunal Penal Internacional para a ex-Jugoslávia em 2003. Na sua despedida, disse ao seu adjunto Nikolic: "A partir de agora, és tu que lideras o partido, faz o que puderes. Não me dês ouvidos" (E. B.H. 2008). No entanto, Nikolić respeitou as regras que vigoravam no SRS e consultou Seselj em todas as decisões importantes, que na prática continuou a liderar o partido a partir da prisão (Cekerevac, 2008). Em última análise, foi a forte influência de Seselj na liderança do partido que levou a desentendimentos entre ele e Nikolic, que acabou por abandonar o partido e fundar o Partido Progressista Sérvio com Vucic. Uma análise mais pormenorizada das razões da cisão é apresentada na parte final da obra, na qual o autor analisa os motivos da mudança de política de Nikolic e Vucic.

De um modo geral, o SRS é um partido ultranacionalista, isolado da comunidade internacional e com uma política externa anti-ocidental. Os antigos vice-líder e secretário-geral do partido, Nikolic e Vucic, fizeram parte da elite do partido durante a maior parte das suas carreiras políticas. Antes de passarmos à análise do Partido Progressista Sérvio, é importante notar que, para além das ligações políticas entre Nikolic, Vucic e Seselj, havia também ligações pessoais que são frequentemente ignoradas. No entanto, estas devem ser tidas em conta para compreender a natureza da sua relação e a influência que Seselj teve sobre Nikolic e Vucic.[12]

2.2.2 *Partido Progressista Sérvio (SNS)*

Nikolic: "É claro que temos de iniciar negociações com a UE, isso é de facto o mais importante para a Sérvia". (Mondo, 2014)

Vucic: "Sim, vemos a Sérvia na UE, o nosso caminho é o caminho europeu". (Bahri, 2014)Vucic: Sobre o conceito de "Grande Sérvia": "Agora podemos dizer abertamente que esta não é a nossa política, porque é irrealista e não é séria." (RTS, 2014)

Vucic: Sobre Ratko Mladic: "O SNS nunca defenderá ninguém acusado de um

---

[12] Nikolic partilhava os pontos de vista de Vojislav Seselj. Numa carta a Seselj, escreveu: "Só acredito em duas coisas, em Deus e em ti" (Spaic, 2012). Além disso, Nikolic e Vucic foram membros do SRS durante 18 e 15 anos, respetivamente. Para além disso, Nikolic e Vucic mantiveram relações pessoais com Sesel. Sesel é o padrinho dos filhos de Vucic e foi também o noivo do seu casamento. Nikolić é o padrinho dos netos de Sesel.

crime" (Tanjug, 2012).

Estas declarações ilustram uma mudança significativa na orientação política de Nikolic e Vucic enquanto membros da elite do Partido Progressista Sérvio. O SNS é um partido de centro-direita que surgiu de um grupo parlamentar na Assembleia Nacional Sérvia. A fação chamava-se "Avante Sérvia" (Napred Srbija) e foi fundada por Nikolic em setembro de 2008, depois de este se ter demitido do cargo de vice-presidente do SRS. Após uma breve hesitação, dezassete deputados radicais, incluindo Vučić, aderiram ao grupo político de Nikolic. O Partido Progressista Sérvio foi formalmente fundado em outubro de 2008. Nikolić foi o líder do partido até ser eleito presidente em 2012 e deixou o cargo em favor de Vučić, o atual primeiro-ministro da Sérvia; no entanto, continua empenhado no partido e nos seus ideais. O programa do partido SNS é intitulado "Livro Branco: Programa para a Mudança". O programa aborda vinte temas principais, que vão desde questões económicas, políticas, sociais, ambientais e culturais.

O programa do partido SNS coloca a tónica nos dois primeiros pontos, sublinhando a importância de uma economia forte e a necessidade de atrair investidores para a Sérvia. O SNS declara o seu compromisso para com a UE, que é vista como um parceiro económico importante para a Sérvia. O programa afirma que está "perante uma nova tarefa no domínio das relações económicas com países estrangeiros, cujo objetivo é integrar a economia sérvia na economia da União Europeia e do mundo" (Srpska Napredna Stranka, 2011, p. 10).

A terceira secção do programa é dedicada ao Kosovo e Metohija: reconhece-se que a falta de normalização das relações teve um impacto negativo na posição da Sérvia no mundo: "O SNS vê todas as consequências negativas que a falta de soluções acordadas, duradouras e sustentáveis para as questões mais importantes do Estado pode ter para a posição internacional da Sérvia, para o seu desenvolvimento interno e para a paz e estabilidade nos Balcãs". No entanto, os progressistas "não podem e não irão reconhecer a independência do Kosovo" (ibid., p. 38).

A orientação da política externa do SNC é formulada no quarto parágrafo do Livro Branco intitulado "A Sérvia na Europa e a cooperação com o mundo". O SNC reconhece que só a formulação e a execução de uma política externa responsável podem garantir a realização dos interesses nacionais em todos os domínios. O desenvolvimento pacífico da Sérvia e as boas relações com os actores internacionais são cruciais para a concretização deste objetivo. As prioridades da política externa são formuladas pela seguinte ordem
1. Adesão à União Europeia
2. Neutralidade militar
3. Reforço da cooperação com a Federação Russa, a República Popular da China e o Japão
4. Melhores relações com os Estados Unidos
5. Reforço e aprofundamento das relações com todos os países em desenvolvimento
6. Cumprimento e aplicação integral do Acordo de Dayton e de outros tratados e resoluções internacionais
7. Esforços e esforços contínuos para melhorar a situação do povo sérvio nos países vizinhos (especialmente na antiga Jugoslávia) (ibid., p.40-41).

Em geral, o SNS, fundado em 2008 por antigos membros do SRS, é um partido sérvio de centro-direita que dá prioridade ao desenvolvimento económico, ao progresso e à estabilidade da República da Sérvia. A prioridade da sua política externa é a cooperação com a UE e a adesão à mesma. Nikolić e Vučić, como antigos e actuais líderes do partido, receberam o maior apoio público nas suas carreiras políticas enquanto membros do SNS.

No que diz respeito à comparação dos partidos políticos na Sérvia, de acordo com Bochsler (2010), os partidos são categorizados de acordo com a forma como abordam os quatro "conflitos políticos" mais importantes (Bochsler, 2010, pp. 99-101). Para efeitos do presente estudo, a área dos valores nacionalistas-autoritários e a área associada da orientação da política externa são relevantes e são utilizadas para comparar o SRS e o SNA.[13]

A dimensão nacionalista-autoritária está ligada ao conceito de "Grande Sérvia", à visão da superioridade étnica sérvia e à questão do Kosovo. [14]Enquanto os radicais defendem fortemente a necessidade de uma "unificação dos territórios sérvios", os progressistas respeitam o Acordo de Dayton e vêem-no como a "chave para um desenvolvimento regional estável e harmonioso" (Srpska Napredna Stranka, 2011, pp. 40-41). No que respeita à questão do Kosovo, ambos os partidos políticos rejeitam categoricamente o reconhecimento do Kosovo como Estado independente. Embora os Radicais não tenham mencionado explicitamente o Kosovo no seu programa partidário, sublinharam repetidamente a importância de respeitar o princípio da integridade territorial e da não ingerência nos assuntos internos dos países. Além disso, no seu testamento político, Seselj aconselha a Sérvia a "romper relações diplomáticas com todos os países que reconhecem a independência do Kosovo e de Metohija" (Albunovic, Petrovic, 2008). Os Progressistas, por outro lado, abordam a questão do Kosovo diretamente no seu programa partidário. Ao contrário dos Radicais, reconhecem que o longo conflito com a antiga província não é apenas o resultado de uma "política insincera e inconsistente em relação ao Kosovo e à Metohija por parte da comunidade internacional", mas também das "elites dirigentes da Sérvia" (Srpska Napredna Stranka, 2011, pp. 38-39). Também

---

[13] Estas questões estão interligadas "porque o processo de integração da UE depende da cooperação com o TPIJ e do respeito pelos direitos civis" (Bochsler, 2010, p.104).
[14] O Tratado de Dayton é um acordo de paz assinado nofinal da guerra da Bósnia, em 1995, que, entre outras coisas, estipula alterações territoriais no território da antiga Jugoslávia.

reconhecem que a mediação internacional poderia desempenhar um papel positivo na resolução do problema (ibid.). Ao contrário do PSA, o SNC exprime assim a sua proximidade com a UE e a sua vontade de cooperar e cumprir as condições exigidas para a adesão à UE. O SNC pertence, portanto, ao campo pró-europeu.

Nesta secção, foram analisadas as diferenças entre os antigos e actuais partidos políticos de Nikolić e Vučić. Depois de analisar as declarações dos líderes partidários e os programas partidários do SRS e do SNS, pode concluir-se que a diferença mais notável entre os dois partidos reside na orientação da sua política externa. Esta diferença serve como prova da mudança de política e como base para uma análise mais aprofundada dos motivos para esta mudança de política.

2.3 Discurso dos media sobre o tema da mudança de política

As opiniões dos meios de comunicação social sobre este tema variam. Alguns jornalistas acreditam na "autenticidade" das mudanças políticas de Nikolić e Vučić, mas a opinião dominante dos meios de comunicação social sobre as mudanças políticas de Nikolić e Vučić é bastante cética. Imediatamente após a fundação do SNS, a revista política Helsinska Povelja reagiu publicando vários artigos questionando os motivos de Nikolić e Vučić. A opinião geral dos jornalistas é que Nikolić e Vucić não mudaram e permaneceram radicais (Stanic, 2008). Radović (2008a) argumenta que a separação dos Radicais foi uma jogada estratégica para tornar o seu partido mais atrativo para os eleitores que se sentiam ameaçados pelo "agressivo" Sesel. Em relação à transformação política de Vučić, os autores de The Helsinki Story sugerem que a sua "nova pele" pró-europeia é um ato que levará tempo a manifestar-se (Radovic, 2008b): "Todas as opções estão abertas para ele, e ele está apenas no início da apresentação de um novo partido e imagem de personalidade".

A maior onda de críticas à "autenticidade" da orientação política declarada pelo SNC surgiu depois de Nikolic ter sido eleito presidente e de o SNC ter ganho as eleições parlamentares de 2012. Sonja Biserko, fundadora do Comité de Helsínquia para os Direitos Humanos na Sérvia, manifestou preocupação com o facto de o SNC e a vitória de Nikolic significarem o regresso e a legitimação de figuras-chave da era Milosevic na vida política, na cultura, na educação e na economia. Biserko esperava que a vitória de Nikolic "conduzisse naturalmente a um abrandamento das relações com a UE" (Biserko, 2012, p.4). Gligorov, professor do Instituto de Estudos Económicos Internacionais de Viena, também duvidava da sinceridade da

Política do SNC. De acordo com Gligorov (2012, p. 6), a mudança fundamental na política de Nikolić e Vučić é "apenas um ajuste declarativo" feito para ganhar apoio público; a orientação pró-europeia é o resultado de um cálculo estratégico. Além disso, de acordo com Biserko (2003, p. 4), Vučić, como a pessoa mais influente na Sérvia, "vira-se para a comunidade internacional como um cavalo de Troia que deve mostrar a nova face dos progressistas".

Em resumo, a opinião dominante nos meios de comunicação social é que os motivos de Nikolić e Vučić foram motivados por interesses e que as suas mudanças políticas foram impulsionadas pela lógica das consequências relacionadas com a luta pelo poder. No entanto, o enviesamento dos media descrito na metodologia deve ser tido em conta. O próximo capítulo da tese lançará luz sobre esta questão e fornecerá uma interpretação equilibrada dos motivos que levaram Nikolić e Vučić a efetuar as suas mudanças políticas.

III. CAPÍTULO

Depois de definir o enquadramento teórico da tese e de avaliar a alteração das prioridades de política externa dos decisores Nikolic e Vučić, este capítulo analisa as motivações para essa alteração.

A primeira subsecção desta secção estabelece a ligação entre o quadro teórico de March e Olsen delineado no primeiro capítulo e a parte empírica sobre os motivos dos decisores. O objetivo desta secção é identificar os motivos que indicam que uma mudança de política foi motivada por uma das lógicas de ação, fornecendo assim a base para a análise. Esta subsecção também aponta as limitações do quadro teórico resultantes da separação das duas categorias de lógicas de ação. O segundo capítulo analisa os programas oficiais do partido, os discursos, as entrevistas, as declarações, os jornais nacionais e as experiências pessoais do autor durante várias deslocações à Sérvia. Em primeiro lugar, são analisadas várias questões relacionadas com as políticas de Nikolić e Vučić: as circunstâncias da cisão no SRS, as movimentações do governo liderado pelo SNC relativamente ao Kosovo e a outras questões consistentes com a sua declarada orientação pró-europeia, as acções políticas de Nikolić enquanto presidente, incluindo as suas primeiras visitas oficiais, e uma análise mais aprofundada do programa partidário do SNC. Esta análise é realizada com o objetivo de obter uma compreensão mais profunda do assunto e, assim, tentar identificar e categorizar os verdadeiros motivos do comportamento dos estadistas sérvios.

3.1 Potencial motivação dos decisores

Antes de identificar e categorizar os motivos reais para a mudança nas preferências de política externa de Nikolić e Vučić, é importante delinear possíveis motivos que sugerem que as acções políticas do estadista sérvio foram impulsionadas por uma destas lógicas de ação.

Os motivos de interesse por detrás da mudança de rumo da política externa de Nikolić e Vučić podem ser descritos como um desejo de concretizar os seus objectivos subjectivos ou colectivos com base nas suas preferências e interesses. O motivo mais óbvio é a ambição política; ambos os políticos sabiam que uma política pró-europeia teria ressonância junto dos eleitores e que só um afastamento da retórica radical aumentaria a sua popularidade. Isto também sugere que a popularidade da UE na Sérvia foi tida em conta e influenciou as acções dos decisores. O segundo motivo possível, que sugere que os autores foram guiados pela lógica das consequências, é o cálculo dos benefícios e prejuízos da adesão à UE; trata-se de um objetivo coletivo.[15] Assim, se o interesse em benefícios materiais, ou seja, a prosperidade económica do país, foi o principal motivo para a adoção de uma política pró-europeia, pode presumir-se que a lógica das consequências desempenhou um papel decisivo no processo de tomada de decisão. Esta análise pode ser prosseguida a outro nível, partindo do princípio de que os intervenientes partiram do princípio de que a prosperidade económica conduziria à sua provável reeleição e, por conseguinte, à realização dos seus objectivos políticos individuais. O objetivo coletivo tornar-se-ia efetivamente um meio para um objetivo individual. Por outro lado, a motivação para a prosperidade económica nacional também pode ser identificada como a expressão de uma mudança ideológica entre os decisores. Se considerarem que o modelo económico da UE é o que melhor se adapta ao seu país e interiorizarem esta ideia, a sua motivação para prosseguir uma política externa pró-europeia pode ser vista como o resultado de uma ação em conformidade

---

[15] No entanto, deve notar-se que a adesão à UE está associada a várias dimensões diferentes, cuja análise detalhada está para além do âmbito deste documento. Para efeitos do presente documento, o autor trabalha com simplificações e considera apenas o que é relevante para este discurso - as dimensões normativa e económica. A "dimensão normativa", neste trabalho, refere-se à influência normativa da UE, que leva a mudanças ideológicas entre os decisores, enquanto a "dimensão económica" representa os benefícios materiais para o país. Estas duas dimensões não se excluem mutuamente.

com o que "se adapta". Além disso, as duas motivações, a prossecução de objectivos individuais e a realização do modelo económico mais adequado, não se excluem mutuamente, o que realça o problema de tratar as duas lógicas como categorias separadas.

A lógica da adequação pressupõe que um ator age de acordo com o que considera ser bom, razoável, verdadeiro ou correto. Um comportamento orientado pela lógica da adequação, no caso da política externa pró-europeia de Nikolic e Vučić, pressupõe que os decisores estão genuinamente interessados na UE e no que ela representa, tanto a nível económico como normativo. Assim, se os actores políticos consideraram uma orientação pró-europeia como um comportamento apropriado, isso sugere que os princípios do PSA não correspondiam à visão pessoal de Nikolic e Vučić sobre o que era apropriado. A lógica da adequação sugere que decidiram criar um partido pró-europeu não porque esperavam obter ganhos pessoais com essa decisão, mas porque acreditavam que a aproximação à UE era o melhor para o país; ou seja, a prossecução de um objetivo coletivo não era um meio para atingir objectivos pessoais. No entanto, isto pressupõe não só um interesse nos benefícios materiais da adesão à UE, mas também uma aceitação de normas como a promoção da democracia, a boa governação, os direitos humanos, a economia de mercado e tudo o que a UE representa. Se o seu comportamento fosse o resultado de uma tal mudança ideológica, os interesses dos decisores ou os potenciais benefícios materiais da adesão à UE seriam, assim, variáveis irrelevantes na sua decisão inicial. A persistência de políticas pró-europeias mesmo após a eleição destes estadistas para o mais alto cargo político do país poderia indicar que o interesse próprio não foi a principal motivação para a mudança de política. No entanto, mesmo que essa continuidade seja evidente, não se pode afirmar com certeza que a lógica da conveniência desempenhou, por si só, um papel na decisão inicial a favor de uma política pró-europeia. Poderia também estar relacionada com os objectivos pessoais a longo prazo dos decisores, mas estes são difíceis de discernir. Em geral, é difícil traçar uma linha reta entre as duas lógicas em várias situações.

A presente secção descreveu vários motivos possíveis que podem ter contribuído para a decisão de 2008. Não exclui a possibilidade de uma combinação de duas lógicas. Pelo contrário, salienta que, em algumas situações, é difícil aplicar uma ou outra lógica, o que implica uma limitação do esquema teórico de March e Olsen, segundo o qual as lógicas são "tão diferentes que podem ser tratadas como mecanismos explicativos separados" (March e Olsen 10998, p.953). No próximo capítulo, será tida em conta a dificuldade de determinar se os motivos são atribuíveis a uma ou outra lógica de ação.

3.2 Analisar os motivos em áreas e situações políticas específicas

O objetivo desta secção empírica é identificar os motivos que levaram Nikolić e Vučić a mudar as suas preferências de política externa. Esta subsecção está dividida em análises de várias áreas e situações políticas. O primeiro tópico diz respeito às circunstâncias da cisão. A segunda secção analisa a continuidade das políticas pró-europeias ao longo dos últimos seis anos, centrando-se na primeira visita oficial de Nikolić como presidente recém-eleito. Em terceiro lugar, esta subsecção analisa mais detalhadamente o programa partidário do SNC, a fim de avaliar o significado dos benefícios económicos da adesão à UE.

3.2.1 *A cisão do Partido Radical Sérvio*

As circunstâncias da cisão entre Nikolić e o SRS são cruciais para analisar a lógica que desempenhou um papel na mudança de política externa de Nikolić. Se a razão da cisão do SRS foi, de facto, a insatisfação de Nikolić com a política do partido de assinar o AEA com a UE, isso sugere que Nikolić considerava a adesão à UE essencial. Aparentemente, era suficientemente importante para Nikolić abandonar o partido a que tinha pertencido ao longo da sua carreira política e fundar um novo partido político que se opunha à adesão à UE. Estas acções parecem ser ditadas pela lógica da conveniência.

No entanto, a análise que se segue prova que esta versão, que explica a saída de Nikolic dos Radicais como resultado de diferenças de opinião sobre a questão europeia, está errada. A análise fornece uma visão global da questão e chama a atenção para os desenvolvimentos internos do SRS, frequentemente ignorados.

O primeiro desentendimento grave entre Nikolic e o presidente oficial do SRS, Vojislav Seselj, surgiu em maio de 2008, a propósito da nomeação do candidato do partido ao cargo de novo primeiro-ministro. Seselj tinha acordado em privado com o líder do DSS, Vojislav Koštunica, que o seu candidato conjunto ao cargo seria o próprio Koštunica. O facto de tal acordo ter sido feito sem o conhecimento do vice-líder do partido, Nikolic, levou a tensões no seio do partido (Martinkovic, 2008). Como Nikolić explicou ao Politika, quando soube que o acordo tinha sido feito "nas suas costas", reagiu consultando Sesel e perguntando-lhe: "Posso liderar o partido como acordámos e como tenho feito até agora, tomando decisões?". Sesel respondeu negativamente, obrigando Nikolic a demitir-se. Cecel pediu-lhe então que ficasse mais um ano, ao que Nikolic respondeu inicialmente de forma afirmativa. (Tanjug, 2008a; Albunovic e Petrovic, 2008). Este incidente, que teve lugar em maio de 2008, enfraqueceu a estrutura interna do Partido Radical Sérvio.

Em setembro de 2008, os Radicais comprometeram-se a apoiar a coligação governamental, votando a favor do Acordo de Estabilização e Associação com a União Europeia. A condição para este apoio era a aprovação da sua alteração ao acordo. [16] No entanto, apesar de a alteração ter sido aceite pela coligação, Sesel mudou de ideias e decidiu boicotar a votação do acordo. Entretanto, Nikolic prometeu à coligação que esta poderia contar com os votos dos radicais. (Babovic, 2008; Tanjug, 2008) A decisão súbita de Seselj de retirar o apoio prometido foi a "gota de água" para Nikolic, que já estava a pensar em abandonar o partido. A decisão de Nikolic de abandonar finalmente o SRS deveu-se em grande parte ao facto de não querer quebrar a sua promessa, mas também porque estava cansado das constantes mudanças de Seselj e das instruções ambíguas que limitavam as suas políticas. (Radovic, 2008a) O AEA com a UE foi assim mais um catalisador da cisão do que a sua causa principal. Quando Nikolić foi questionado numa entrevista sobre as razões da sua separação dos Radicais, explicou que não havia uma cisão ideológica no partido; a razão da sua saída foi o seu "não cumprimento do acordo, dos princípios e, acima de tudo, da moralidade" (Radisavljevic, Laketic Males, 2008a, p.3) e o seu desejo de deixar de ser "tratado como um trapo" (Cekerevac, 2008, p.7). A afirmação de que a UE não desempenhou um papel decisivo na divisão dos Radicais é ainda apoiada pelo facto de a fação de Nikolić "Avante Sérvia" ter acabado por decidir não votar a favor do FSA (E.B.H.2008).

No entanto, a ratificação do AEA pelo parlamento sérvio ajudou Nikolic a atravessar o Rubicão.

O ex-secretário-geral do SRS, Vučić, não foi tão franco como Nikolić sobre a assinatura do AEA e a cisão do SRS. Durante este período conturbado no SRS, Vučić não tomou posição sobre a questão e manteve-se no meio entre os dois blocos; em vez disso, ficou em segundo plano, não participou nas reuniões do partido e retirou-se durante algum tempo, alegadamente para tratar de questões familiares. (Spaic e Jevtic, 2008; Cvetkovic, 2008) Há várias opiniões sobre a relutância de Vučić em falar sobre a questão. A maioria é da opinião de que Vučić está

---

[16]A alteração continha uma cláusula que afirmava que o Kosovo era parte integrante da Sérvia e que só uma Sérvia unida, dentro das suas fronteiras internacionalmente reconhecidas, participaria na integração europeia.

simplesmente a fazer uma grande tempestade num copo de água. Ele avaliou as desvantagens que a adesão a um dos dois blocos poderia significar para a sua carreira política. Zoran Stojlikovic, professor da Faculdade de Ciências Políticas de Belgrado, era da opinião de que Vučić estava mais inclinado para o bloco de Nikolić, mas só tomaria uma decisão final quando fosse claro qual o bloco com mais poder e do qual poderia retirar mais benefícios (Males, 2008; Radisavljevic, Laketic e Males, 2008b).

Depois de analisar fontes primárias e secundárias sobre o assunto, o autor conclui que as divergências sobre a SAA não foram a principal razão para a cisão dos Radicais. A cisão foi o resultado de um processo político e não de diferenças ideológicas. O apoio inicial de Nikolić ao AEA não significa que ele se tenha tornado um reformista ou mesmo um revisionista, pois no seu discurso na assembleia fundadora do SNC, Nikolić declarou a sua "lealdade à ideologia radical" e afirmou que era um estadista que "tinha de se adaptar a tempos incómodos" (Radovic, 2008a, p.25). Esta análise sugere que o pressuposto de que Nikolic considerava a adesão à Europa muito importante está errado, o que significa que a sua fundação de um partido pró-europeu apenas algumas semanas depois dificilmente pode ser atribuída a uma mudança ideológica. Quanto à decisão final de Vučić de aderir ao bloco de Nikolić, parece basear-se num cálculo estratégico das consequências de tal movimento. A sua indecisão e a falta de uma posição concreta sobre a questão europeia sugerem que a sua decisão final de abandonar o PSA foi influenciada por ganhos pessoais e não por um interesse genuíno na UE. De um modo geral, a análise das circunstâncias da cisão do Radical sugere que a motivação de ambos os estadistas para formar um partido político pró-europeu foi motivada pela lógica das consequências.

3.2.2 *Continuidade da política pró-europeia*

A continuidade da política pró-europeia como um sinal de mudança ideológica é o tema desta secção. O ponto de partida para a análise é maio de 2012, quando Nikolic ganhou as eleições presidenciais e o SNC, com Vučić como seu novo presidente, recebeu a maioria dos votos nas eleições parlamentares.

O primeiro indicador de continuidade política foi a visita oficial de Nikolic como presidente recém-eleito. De acordo com Miroslav Lajčák, Diretor-Geral para a Rússia, a Vizinhança Oriental e os Balcãs Ocidentais no Serviço Europeu para a Ação Externa (SEAE), Nikolic estava ciente de que o objetivo da sua primeira visita sinalizava à comunidade internacional "a forma como iria agir enquanto presidente" (Jevtic, 2012, p.3). A primeira visita oficial de Nikolic como presidente teve lugar em Bruxelas. Os funcionários europeus ficaram satisfeitos por ver que o novo presidente e a coligação no poder não tencionavam bloquear o caminho pró-europeu da Sérvia e que a adesão à Europa continuava a ser uma prioridade para Nikolic e Vučić, mesmo depois de chegarem ao poder. Além disso, as previsões negativas dos media sobre as políticas de Nikolic e Vucic não se concretizaram. De facto, a Sérvia fez mais progressos nos seus esforços para a integração europeia e obteve o estatuto de candidato em março de 2013. As dúvidas dos meios de comunicação social sobre a "autenticidade" da política pró-europeia de Nikolic e Vucic foram refutadas em abril de 2013, quando a coligação liderada pelos progressistas tomou medidas impopulares para iniciar um diálogo com o Kosovo, a fim de fazer avançar o processo de integração.[17] A Sérvia cumpriu assim as condições da UE e o Conselho Europeu decidiu iniciar as negociações de adesão em janeiro de 2014. Esta continuidade da política pró-europeia abre a possibilidade de considerar a mudança ideológica de 2008 como um motivo para a adoção desta política. No entanto, é igualmente importante considerar esta continuidade como um meio de concretizar objectivos individuais de longo prazo não declarados. Uma análise mais

---

[17] Aleksandar Vučić era visto como o homem que facilitava as negociações entre o Kosovo e a Sérvia, e o então primeiro-ministro Dačić cumpria as suas "ordens" (DeLauney, 2014).

aprofundada dos acontecimentos que rodearam a primeira visita oficial do Presidente mostra que Nikolic visitou a Federação Russa pouco antes de tomar posse. Nikolic participou no Congresso da Rússia Unida e foi recebido pelo Presidente Putin (Vignjevic,

2012). Este facto sugere que não houve uma mudança ideológica de Nikolić e Vučić. No entanto, ao analisar as decisões do atual presidente e primeiro-ministro em relação ao Kosovo e Metohija, é impossível afirmar inequivocamente qual a lógica que prevaleceu e quais as verdadeiras motivações de Nikolic e Vucic nesta matéria. Por um lado, a intenção de normalizar as relações com a sua antiga província, fortemente recomendada pela UE, poderia dever-se ao facto de essa abordagem ser razoável, correta e boa e, portanto, ditada pela lógica da conveniência. Por outro lado, a lógica da coerência sugere que os decisores ponderaram todos os prós e contras desta normalização das relações e concluíram que os benefícios da cooperação com a UE eram superiores aos custos.

A primeira visita oficial do presidente a Bruxelas e outras medidas políticas da coligação liderada pelo SNC para promover a integração europeia refutam, assim, a afirmação de que a orientação pró-europeia da política externa do SNC é meramente um "ajustamento declarativo" e pode indicar mudanças ideológicas entre os decisores. Por outro lado, a visita de Nikolić à Rússia pouco antes de tomar posse atesta a sua ligação inabalável à Federação Russa, o que apoia a suposição de que a consistência da política pró-europeia é o resultado de um cálculo estratégico. No entanto, a política de Nikolić e Vučić em relação à UE e à Rússia não fornece uma resposta abrangente à lógica subjacente à sua adoção inicial de uma política pró-europeia em 2008. Esta conclusão leva o autor a refletir sobre os limites do quadro teórico.

3.2.3 O benefício económico como motivação

O facto é que o programa oficial do partido do SNC, bem como as acções dos seus líderes, provam que a adesão à Europa é a prioridade da política externa do SNC. Esta secção destaca as secções do programa do partido, bem como as declarações dos líderes do partido que mostram que o principal objetivo da política pró-europeia é o ganho económico.

Tal como referido no segundo capítulo desta tese, um olhar mais atento ao programa do partido SNS e às declarações dos seus dirigentes mostra que a importância do desenvolvimento económico da Sérvia é fortemente enfatizada. No seu discurso de tomada de posse, Nikolic declarou que o caminho europeu é "o caminho do futuro e o caminho da prosperidade económica" (Spaic e Latkovic, 2012, p.2). O programa do partido SNS também afirma que os progressistas apoiam o processo de integração europeia porque acreditam que a adesão à UE é a melhor forma de concretizar os interesses a longo prazo dos cidadãos sérvios (Srpska Napredna Stranka, 2011). Uma análise mais aprofundada do programa do partido mostra também que o principal objetivo dos Progressistas é o desenvolvimento económico a qualquer custo. O programa afirma: "Não há mercados maus ou bons, todos os mercados que dão à Sérvia a oportunidade de colocar os seus produtos e bens são bons e necessários" (Srpska Napredna Stranka, 2011, p.12). Isto sugere que a consecução de um objetivo coletivo é a motivação para a cooperação com a UE. De acordo com a definição de March e Olsen, esta motivação deve-se à lógica das consequências. Se outra organização ou outro país oferecer benefícios económicos à Sérvia, é provável que esta se torne uma prioridade da política externa sérvia. Este pressuposto é corroborado pelas declarações seguintes: Nikolic: "Precisamos de aderir à UE, queremo-lo, mas queremos a Sérvia primeiro. Nunca esqueçamos que a nossa Sérvia é mais importante do que o mundo inteiro. A Sérvia deve procurar amigos de todos os lados" (Fonet, 2008). Nikolic: "A Sérvia precisa de grandes projectos e programas para avançar, por isso devemos estar abertos a todos os que queiram ajudar-nos a desenvolver e investir em nós" (T.T., 2008).

Em geral, os antigos e actuais líderes dos Progressistas consideram que o progresso económico do país é a questão mais importante da sua agenda. A política externa pró-europeia está relacionada com a sua convicção de que a UE é um ator adequado que pode ajudar a Sérvia a atingir o seu objetivo coletivo. A UE é, assim, vista como um instrumento para alcançar a prosperidade económica do país e é, portanto, a preferência da política externa da atual elite governante. Ristic (2012) argumenta que uma melhoria da situação económica do país leva a um aumento do apoio público aos políticos no poder, aumentando assim as suas hipóteses de reeleição; por outro lado, uma rejeição da UE leva a uma diminuição do apoio dos eleitores. "Nikolic e Vučić seguiram uma política externa pró-europeia não por convicção ou crença, mas simplesmente por uma
Pragmatismo político" (Ristic, 2012), o que sugere que o seu motivo original era a prossecução de objectivos pessoais através da realização de interesses colectivos. No entanto, é importante sublinhar que "o interesse próprio não é necessariamente idêntico ao egoísmo" (Goldmann, 2005, p.40). Os interesses individuais dos decisores podem ser compatíveis com o que eles entendem como "apropriado"; no entanto, esta hipótese não foi confirmada pela investigação. Neste caso, as duas lógicas podem complementar-se ou mesmo sobrepor-se.

Em suma, na decisão de Nikolic e Vučić de dar prioridade à política externa pró-europeia, os motivos motivados pelo interesse próprio e pelo cálculo estratégico dos decisores superam os motivados pela lógica da conveniência. No entanto, os motivos revelaram-se difíceis de categorizar em algumas situações e áreas de análise.

Conclusão

Em outubro de 2008, ocorreu uma mudança política significativa na política sérvia: os radicais anti-ocidentais tornaram-se progressistas pró-europeus. Este artigo analisa as circunstâncias e as motivações subjacentes à transformação política de Tomislav Nikolic e Aleksandar Vučić. A hipótese de investigação baseia-se no quadro teórico do construtivismo social, em particular nos conceitos da lógica da conveniência e da lógica das consequências. Na tese foram utilizados métodos de investigação qualitativa, incluindo estudos de caso e análises de discurso. A análise empírica levou o autor a concluir que a mudança política de preferências anti-ocidentais para preferências pró-europeias na política externa de Nikolić e Vučić se deve principalmente à lógica das consequências, mas tal não pode ser provado em todos os domínios políticos e situações analisadas devido à possível sobreposição de lógicas.

A análise dos programas partidários, da literatura académica, das fontes mediáticas, das entrevistas e das declarações de Nikolić e Vučić sobre uma série de questões relacionadas com a adoção de políticas pró-europeias sugere que os motivos predominantes foram motivados pelo interesse próprio e pelo cálculo estratégico dos decisores. A lógica das consequências como ferramenta para explicar o comportamento de Nikolic e Vučić tornou-se particularmente clara quando se analisaram as circunstâncias da cisão do Partido Radical Sérvio. Esta suposição baseia-se nas declarações de Nikolic de que a única razão para a cisão do Partido Radical foram as divergências internas sobre a liderança do partido. Não havia diferenças ideológicas entre Seselj e Nikolic e Vucic, o que significa que Nikolic e Vucic continuaram empenhados em ideias radicais que são incompatíveis com uma orientação de política externa pró-ocidental. A relutância de Vučić em retirar-se do PSA porque estava a perseguir os seus próprios interesses também sugere que a adoção inicial de uma orientação pró-europeia não foi motivada por uma mudança ideológica. Por outro lado, a lógica da adequação só se revelou aplicável como explicação para o comportamento numa visão superficial do problema. A literatura académica e outras fontes indicam inicialmente que Nikolic e Vučić se separaram dos Radicais devido a diferenças de opinião sobre a questão da UE. Se os dois homens tivessem, de facto, tomado uma decisão política tão importante com base na convicção de que o caminho europeu era o melhor para o país, isso significaria que tinham interiorizado uma "identidade europeia". No entanto, após as análises, esta versão revelou-se insustentável.

No entanto, algumas situações e áreas de análise revelaram-se difíceis de atribuir claramente a uma das duas lógicas diferentes que determinam o comportamento humano. Estas incluem a continuação das políticas pró-europeias após as eleições, como demonstrado pela normalização das relações com o Kosovo e pela primeira visita oficial de Nikolic como Presidente. Além disso, os benefícios económicos da adesão à UE, embora pareçam ser o resultado de um cálculo estratégico das consequências, também podem ser motivados pela lógica da conveniência. Nalguns casos, foi de facto possível identificar uma ou outra lógica; noutros casos, porém, não só os motivos dos decisores não eram claros, como também era difícil distinguir entre as duas lógicas, uma vez que se sobrepunham frequentemente. Ou seja, a análise empírica dos motivos levou o autor a apontar algumas limitações do quadro teórico utilizado no trabalho, nomeadamente no que respeita à separação das duas lógicas de comportamento esperado. No entanto, estas limitações não prejudicaram a análise mas, pelo contrário, tornaram-na mais rica e pormenorizada ao questionar a linha divisória entre as duas lógicas. De facto, não podemos deixar de concordar com Goldmann (2005, p. 48): "A distinção entre as lógicas obrigou os estudiosos a pensar de formas novas e importantes".

Assim, a relação entre o quadro teórico e o objeto da análise empírica pode ser interpretada como "mutuamente explicativa". O resultado deste estudo é, portanto, uma melhor compreensão da motivação dos dois gestores sérvios e uma reflexão sobre as limitações do quadro teórico.

Tomsilav Nikolic e Aleksandar Vučić são dois dos políticos mais influentes da Sérvia, um país cuja evolução política pode afetar a estabilidade e a prosperidade de todos os Balcãs Ocidentais; estes factores conferem a este trabalho uma relevância social e científica considerável. A análise dos motivos que levaram à adoção súbita de políticas pró-europeias constitui a base para uma possível previsão das suas políticas num futuro próximo. Este trabalho preenche uma lacuna na literatura e lança luz sobre áreas específicas de investigação relacionadas com a política partidária na Sérvia, os decisores individuais e a lógica da ação. Além disso, este estudo pode servir de base para outras análises dos motivos de uma política externa pró-europeia, uma vez que o âmbito limitado deste trabalho deixou alguns aspectos deste tópico por considerar. Estes aspectos incluem, entre outros, a possível influência do contexto político mais vasto da Sérvia em 2008 nas decisões dos decisores políticos, bem como a influência do contexto político mundial relacionado com a crise económica mundial.

Apêndice

Apêndice 1: Perceção da UE nos Balcãs Ocidentais em 2008.

Pergunta: Em geral, considera que a adesão da Sérvia à União Europeia é boa, má ou nem boa nem má? (% de base: amostra de 1000 pessoas.

Apoio à adesão à UE na Sérvia

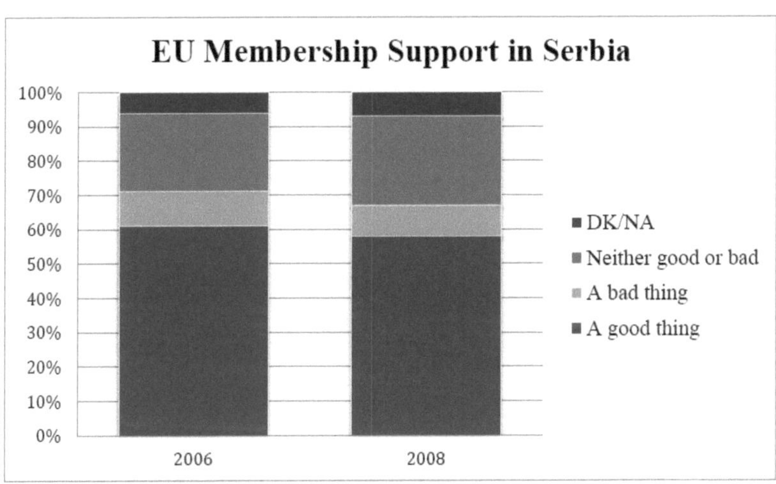

Fonte: (Gallup Balkan Monitor, 2009)

Literatura

Adler, E., 2002 Constructivism and International Relations, in: Carlsnaes, W. Risse-Kappen, T., Risse, T., Simmons, B. (eds.), 2002 *Handbook of International Relations*, London, Sage, pp. 5-118.

AFP, 2012, Serbian President-elected Nikolic to make first trip to Moscow, *ahramonline [online] 24 May*. Disponível em: <http://english.ahram.org.eg/NewsContent/2/9/42697/World/International/Serbian - presidentelect-Nikolic-to-make-first-trip-.aspx> [acedido em 5 de julho de 2014].

Albunovic M., Petrovic M.P., 2008 - SSP Podelio SRS. *Política*. 6 set. p.5.

Babović, M., 2008a. Nikolic podneo ostavku. *Vecerne Novosti*. 7 set. p.5.

Bahri, K. 2014. Vucic: Vlada ce biti kao tim Bajerna. *DW*, [em linha] Disponível em:<http://www.dw.de/vu%C4%8Di%C4%87-vlada-%C4%87e-biti-kao-tim-bajerna/a- 17532620-4> [Acedido em 25 de junho de 2014].

BanlkanInsight. 2012: Falsos apelos eleitorais sublinham a parcialidade dos media sérvios.
BalkanInsight, [em linha] 7 de junho. Disponível em: <http://www.balkaninsight.com/en/article/election-wrong-calls-highlight-serbian-media- bias> acedido em 2 de julho de 2014].

Barnett, M., 2011. social constructivism. Em Baylis, M., Smith, S., Owens, P., eds, 2001. *a globalização da política mundial*. 5 [th]ed., Oxford University Press. Oxford University Press. pp.148-164

BBC, 2014 Profile of Serbia (Perfil da Sérvia). *BBC* [online] 7 de maio. Disponível em: > [Acedido em 27 de junho de 2014].

Biserko, S., 2012. zatvaranje kruga. *HelsinskaPovelja*. May-June. p.3-4.
Disponível em: <http://www.helsinki.org.yu> [acedido em 15 de junho de 2014].

Biserko, S., 2013 Spinovanje Vucica. *Helsinska Povelja*. Set-Out. p.3-4.
Disponível em: <http://www.helsinki.org.yu> [Acedido em 15 de junho de 2014].

Bochsler, D., 2010. O sistema partidário na Sérvia In: Stojarova V., Emerson P.
(eds.), 2010.
Party Politics in the Western Balkans. Routledge. S. 99-118.

Chekel, J., 2006 Constructivist Approaches to European Integration, ARENA
Working
Documento n.º 6, Oslo, ARENA. S. 3-41

Cvetkovic I., 2008 Nikolica moze da spae samo Vucic. *Blic*. 8 Set. p.4-5.

Kavoski, K., 2014. od Velike Srbije do veleizdaje. *Koreni*, [em linha] 8 Jun.
Disponível em: <http://www.koreni.rs/od-velike-srbije-do-veleizdaje/> [Acedido
em 28 de junho de 2014].
Čekerevac, M., 2008. seselj nije zeleo da udjemo u vlast. *Politika*. 12 Set. p.7.

De Launi, G. 2014. A Sérvia passa de pária a parceiro da UE. *BBC News* [em
linha] 2 de janeiro. Disponível em: <http://www.bbc.com/news/world-europe-
25808463> [acedido em 2 de julho de 2014].

E.B.H., 2008. Toma kali nove radikale. *Evening News. 9* de setembro. p.3.

Gallup Balkan Monitor, 2009: Perceptions of the EU in the Western Balkans.
Views and Perceptions: Voices from the Balkans. Fundo Europeu para os Balcãs.

Gligorov, V. 2012. korak nazad, pa korak.... *HelsinskaPovelja*. maio-junho. S.5-6.
Disponível em: <http://www.helsinki.org.yu> [acedido em 15 de junho de 2014].

Goldmann, K., 2005. conveniência e consequências: Lógica Neo-institucionalismo. *Governance: International Journal of Politics, Governance and Institutions 18(1)*. Blackwell Publishing. pp. 35-52.

Goss, Brain L., 2012 Austeridade ou justiça? Introduzir e analisar o impacto das condições políticas para a adesão da Sérvia à União Europeia. *HeinOnline*. S.159-180

Jevtic Z., 2012. EU porucila Nikolicu: nastaviti dijalog sa Pristiom. *Blic*. 25 de maio. p.3

Katzenstein, P., ed. 1996, *National Security Culture: Norms and Identity in World Politics*. Nova Iorque. Columbia University Press.

Knežević, I., ed., 2008 *The Current Status Quo and Prospects for Serbia's European Integration*. Bratislava: Associação Eslovaca de Política Externa.

McConnell, M., 2009, O potencial da política externa da Sérvia. *Mediterranean Quarterly 20 (4)*. pp.71-82.

Males, M. 2008. Nikolic formira svoju partiju. *Blic*. 11 Set. p.4-5.

Martinkovic, A., 2008 - Kako se slaze Seselj i Nikolic . *Politka*. 20 jun. p.6.

March, J. G., Olsen, J. P., 1989, *The rediscovery of institutions*. Nova Iorque, Free Press.

March, J. G., Olsen, J. P., 1998, International organisation and the study of world politics. *Organização Internacional*, 52(4), pp.943-969.

March, J. G., Olsen, J. P., 2006. A lógica da relevância. In: Rein, M., Moran, M., and Goodin, R.E., eds (eds.), *Handbook of Public Policy*. Oxford: Oxford University Press. Pp. 689-708.

Mondo, 2014 Predsednik Nikolic: Srbija sledeca clanica EU. *Mondo,* [em linha] 29

junho.Disponível em: < http://mondo.rs/a705802/Info/Srbija/Predsednik-Nikolic-Srbija- sledeca-clanica-EU.html>[acedido em 28 de junho de 2014].

Novakovic, S., 2014 A nova Sérvia de Vucic. *The McGill International Review,* [online] 27

março. Disponível em: http://mironline.ca/?p=1418 [acedido em 30 de junho de 2014].

Petrič V., Svilanović G., Solioz Č., eds. 2009. *Serbia Matters: Internal Reforms and European Integration.* Perspectivas para a integração do Sudeste Europeu.

Petrovic N., Novakovic I., 2013. Od Cetri stuba Spoljne Politike do Evropskih Integracija : Postoji li volja za stratesko usmerenje spoljne politike Srbije? *Stavovi Fundo Europeu para os Balcãs.*

Radio Free Europe, 2007 "O Presidente do Parlamento sérvio apela ao estreitamento das relações com a Rússia". Disponível em: < http://www.rferl.org/content/article/1076353.html> [acedido em 6 de dezembro de 2013].

Radisavljevic I., Laketic M., Males M., 2008a. Nikolic podneo ostvaku. *Vecerne Novosti.* 7 Sep. p.5.

Radisavljević, I., Laketić M., Males, M., 2008b. Tomislav Nikolic podneo ostavku, radikale vode jastrebovi. *Blic.* 7 set. pp.2-3.

Radovic, N., 2008a. Podeli, pa umnozi. *HelsinskaPovelja.* Set-Out. pp.24-25. Disponível em: <http://www.helsinki.org.yu> [acedido em 15 de junho de 2014].

Radovic, N., 2008b. Poznavalacka terena. *Helsinska Povelja.* Nov-Dez. pp.21-22. Disponível em: <http://www.helsinki.org.yu> [acedido em 15 de junho de 2014].

Reus-Smith, K., 2005. Construtivismo. [rd]In: Burchill et al. ed., 2005. *Theories of International Relations*, 3 ed., Londres, Palgrave. Londres, Palgrave. Pp.188-212.

Risse, T., 2004. O construtivismo social e a integração europeia. In: Wiener, A., Diez T., 2004. *Teoria da Integração Europeia.* Oxford University Press. Pp.159-176.

Ristic, I., 2012: O impacto da eleição de Tomislav Nikolic na política externa da Sérvia e as esperanças de adesão à UE. *In e-International Relations*. Disponível em: <http://www.e- ir.info/2012/06/29/the-impact-of-tomislav-nikolics-election-on-serbias-foreign-policy-and-eu-ascension-hopes/> [Acedido em 28 de junho de 2014].

RTS, 2008: A Grande Sérvia é irreal. *RTS* [em linha] 30 de outubro. Disponível em: <http://www.rts.rs/page/stories/sr/story/9/Politika/24908/Velika+Srbija+nerealna.html> acedido em 2 de julho de 2014].

Sanding, O. J., 2002 Constitution, Choice and Change: Problems with the 'logic of appropriateness' and its use in constructivist theory. *Revista Europeia de Relações Internacionais.* SAGE Publications e ECPR 8(4). pp.443-470.

Sjoblom, G., 1993, Some criticisms of March and Olsen's book Rediscovering Institutions. *Journal of Theoretical Politics.* pp. 397-407.

Speich, T., 2012. lider na infuziji. *Blic.* 13 Abr. p.5.

Spaic, T., Jevtic Z., 2008 Nikolic izbacen is SRS, Vucica nit raga ni glasa. *Blic.* 13 Set. p.4-5.

Spajic, T. Lackovic N, 2012. "Oda Radosti" za Nikolica. *Blic*. 12 Jun. S.2.

Srpska Napredna Stranka, 2011. *bela knjiga "Programmeom do Promena"* [pdf]
Disponível em: <http://www.sns.org.rs/> pp.1-136.

Srpska Radikalna Stranka, 2009 *Programa Srpska Radikalna Stranka*. [pdf]
Belgrado.
Disponível em <http://www.srpskaradikalnastranka.org.rs/> p.1-78.

Stanic, P., 2008. deseseljizacia radikala. *Politika*. 9 Set. p.5.

Stoyarova V., Emerson P., 2010 *Party Politics in the Western Balkans*. Routledge.

Stotiarova V., 2010 Nationalist parties and party systems in the Western Balkans.
In: Stojarova V., Emerson P. (eds.), 2010 *Party politics in the Western Balkans*.
Routledge. pp. 42-58.

Tanjug, 2008a. Otpisan u Maju. *Evening News,* 9 de setembro, p.3.

Tanjug, 2008b. Kako su radikali promenili misljenje o EU. *Politika*. 17 Set. p.7

Tanjug, 2012. Vucic: Cilj nam je pobeda na svim nivoima. *RTV* [em linha] 16 de
abril.
Disponível em: <http://www.rtv.rs/sr_lat/politika/vucic:-cilj-nam-je-pobeda-na-
svim- nivoima_313170.html>[acedido em 2 de julho de 2014].

Vignevich, V. 2012. sporni predsednik. *Helsinska Povelja*. maio-junho. p.20-21.
Disponível em: <http://www.helsinki.org.yu> [acedido em 15 de junho de 2014].

Worcester, R. M., 2013 Opinião pública: amiga ou inimiga? [E-Book]
Universidade de Kent.
Disponível em: http://www.impos-mori.com/Assets/Docs/News/public-opinion-
firend-or- foe-sir-rober-worcester-2013.pdf [acedido em 5 de julho de 2014].

yes I want morebooks!

Buy your books fast and straightforward online - at one of world's fastest growing online book stores! Environmentally sound due to Print-on-Demand technologies.

Buy your books online at
www.morebooks.shop

Compre os seus livros mais rápido e diretamente na internet, em uma das livrarias on-line com o maior crescimento no mundo! Produção que protege o meio ambiente através das tecnologias de impressão sob demanda.

Compre os seus livros on-line em
www.morebooks.shop